AF254132

*[illegible handwritten annotation]*

# AU

# PEUPLE.

## ÉTAT

### DE L'ÉCONOMIE POLITIQUE ET SOCIALE
### DE LA FRANCE,

PAR

## AUG. BARBET.

---

**Prix : 20 centimes.**

---

PARIS,

AU BUREAU DU PEUPLE CONSTITUANT,

RUE MONTMARTRE, 154.

1848

# AU PEUPLE.

PARIS. — Imprimerie SCHNEIDER, rue d'Erfurth, 1.

# AU
# PEUPLE

ÉTAT

DE L'ÉCONOMIE POLITIQUE ET SOCIALE

DE LA FRANCE.

BIBLIOTHÈQUE NATIONALE
R. F.
IMPRIMÉS

PARIS. — RUE MONTMARTRE, 154.

—

1848

# AU PEUPLE.

---

Peuple, écoute ; car hier, pour nous empêcher de t'instruire chaque matin, le sabre africain fauchait notre plume (1) ; peutêtre demain, — qui sait, n'a-t-on pas la manie des procès, des arrestations et des déportations ? — serons-nous forcés, déposés dans un cachot, de garder le silence de la tombe. En attendant ce bon plaisir de la République bleue, sur laquelle pèse la main livide de la

(1) Allusion à la saisie du journal *le Peuple constituant*.

République blanche, dont les forts de Louis-Philippe connaissent aujourd'hui les douceurs, nous avons tenu à te donner un dernier conseil : puisse-t-il éviter des aangoisses nouvelles à la veuve et à l'orphelin ! N'est-ce pas assez des larmes sur lesquelles vont voguer nos vaisseaux, emportant des milliers de victimes, hommes égarés par la faim, vers une plage fiévreuse et inhospitalière, — holocauste humain en expiation des journées de février? Sur le chemin que doit suivre la monarchie, à la place de fleurs on sème des cadavres. Relève-toi, peuple, non pour combattre, mais pour t'instruire !

Du haut des barricades, de quinze ans en quinze ans on te salue roi; mais à peine descendu de tes forteresses éphémères, on te châtie comme un enfant.

Peuple, les traités que tu signes après la victoire dénaturent les rôles, et si tu n'y prends garde, on pensera que tes misères tiennent à une loi de la fatalité : pour te tuer, on blasphémera. Cependant un pas est fait, on te connaît. Plus heureuse qu'en 1792, la République rouge a pu se séparer de l'ivraie. Pendant son règne de quatre mois, elle a aboli la peine de mort, maintenu nos libertés dans le sens le plus absolu, et transformé les prisons de la monarchie en ateliers de travail. Pour les ateliers de travail, nous avions fait nos réserves. Nos plaintes montèrent plus d'une fois jusqu'au citoyen Louis Blanc (1), lorsqu'aux pieds de sa chaise curule ses dénonciateurs d'aujourd'hui mendiaient un gracieux sourire.

Comme le malade, tu sens alanguir toutes les facultés de ton être ; mais les causes du mal, et même la sagesse du remède,

(1) Voir le journal *le Peuple constituant.* !

échappent souvent à ton esprit inexpérimenté. Puis, tu consultes l'homme de la science *sociale*, surtout l'empirique. La science, c'est presque toujours dans le passé qu'elle fouille ; le christianisme n'ayant point de dogme (1), elle s'inspire de celui des juifs, du fameux *Mane*, *Thecel*, qui, selon Daniel, fixe comme révélation les jouissances, ici-bas. Contrairement à la doctrine de Jésus, cet enseignement continue, comme la déification sociale du publicain et du banquier. Cette science des satisfaits consiste à ne jamais convenir que les maux, les privations sous lesquels tu succombes, sont un héritage de ce passé, et la déduction fatale des faits qui t'ont précédé dans ce monde ; faits à couleurs cadavéreuses qui comptent plus de victimes que la peste, détruisant la société en même temps que l'individu.

(1) Voir notre ouvrage *Du peuple depuis Moïse jusqu'à Louis-Philippe.*

Pour les empiriques, si ardents à t'offrir leurs services, ils t'ont dit : « Demande la lune.» Et tu as demandé la lune! Les vaincus te l'ont promise; ils avaient peur! attendant un moment favorable pour te désarmer; la faim, par exemple, ne t'a-t-elle pas forcé de déposer l'épée pour saisir l'arme du travail? Jusqu'ici, qu'as-tu obtenu en fait de droit au travail, cette mamelle puissante où ta vie et celle des tiens sont suspendues? Rien, absolument rien. Par la raison que tu n'as jamais su formuler ta demande dans la limite du possible. C'est donc ce possible que nous avons cherché à t'enseigner (1); c'est cette tâche que nous poursuivons, malgré la pression de l'état de siége.

Si l'homme doit apprendre à se connaî-

(1) Quatre brochures : la *Constitution politique*, le *Travail*, la *Famille et la Propriété*, la *Constitution sociale du crédit*.

tre, il est pour lui d'une égale importance de ne pas ignorer le mécanisme d'une société dont il est l'un des rouages intelligents ; car il est certain que l'anarchie existe dans l'économie sociale et politique d'un pays, avant de passer dans les esprits et de descendre dans la rue pour s'y manifester au grand jour par des barricades ; barricades dont Jésus, il y a dix-huit cents ans, remua la première pierre. Si l'esclave ou le serf existait encore, aurions-nous à nous occuper de la question de droit au travail, inséparable de celui de liberté ?

Aujourd'hui, chez tous les peuples de l'Europe, la société est en état d'anarchie. Partout l'humanité souffre ; l'épi récolté lourd par le travailleur lui revient vide, le pain de Dieu n'arrive pas également à tous. Il s'agit donc de satisfaire à un besoin sérieux, fondé sur le droit naturel ; droit divin, irrésistible, contre lequel s'émousse le sabre inintelligent, et que l'ange de bien a formulé d'un pôle à l'autre par ces seuls mots : « Droit au travail ! »

Le droit au travail, nulle constitution ancienne n'en parle; ce silence se comprend aux époques d'esclavage et de servitude.

Peuple, alors tu étais attaché à la terre comme le troupeau ; soigné, nourri et abrité comme le troupeau. Chaque chef roi, ou berger, ou patriarche, ou maître, ou patricien, ou baron, moyennant ces avantages, t'imposait ses caprices. La bourgeoisie était alors à l'état d'embryon ; elle doit sa situation sociale à ton courage, puisse-t-elle ne jamais l'oublier ; car si elle a le droit d'appropriation libre; si elle porte des titres, on lui a appris sous la restauration qu'elle devait les considérer comme les dépouilles des maîtres ; qui ne se souvient de la revendication des biens nationaux préludant ainsi à d'autres exigences. La branche cadette arrivait, par un égout, l'accaparement du capital par des compagnies, à la conservation du même principe : riches et pauvres.

Cependant, travailleurs, malgré l'irritation que causent de longues injustices et de constantes souffrances, ayez toujours à la pensée cette éternelle vérité, que les forêts, les terres, les troupeaux, veulent la loi des grandes divisions, l'espace, pour arriver à l'apogée de la puissance productive. On ne pourrait, sans compromettre l'importance du produit, faire le partage du sol entre chacun des individus composant la grande famille sociale ; partage qui, en France, ne donnerait en terres arables qu'un peu plus d'un hectare par tête.

D'un autre côté, il a été reconnu que : si

l'État est le seul apte à conserver et à développer la richesse des forêts, il était inhabile à diriger la culture des terres. La culture des terres, en effet, ne s'est développée que sous l'empire de la famille et du droit personnel. Il faut attendre patiemment la maturité des forêts et tourmenter sans cesse la terre ; de là, chez tous les peuples, la remise des terres arables entre les mains de grands feudataires.

Ces grands feudataires firent faire peu de progrès à l'agriculture ; le capital et le crédit manquaient à ces vastes exploitations. Le manque de crédit a également empêché l'esclave et le serf, devenus libres, de produire tout ce qu'ils auraient pu et dû produire. Mais, bien que dans notre distribution du crédit nous ayons définitivement formulé l'organisation du travail libre (1),

(1) On nous a demandé le développement de l'article 3 de

faut-il encore nous entendre sur quatre points importants de notre économie poli-

notre constitution sociale de crédit. Nous le donnons ici, l'article d'une constitution ne le comportant pas.

La concurrence entre les âges et les sexes est une des causes principales des maux de la société; elle détruit le crédit de l'individu comme gage stable, puisqu'elle en altère journellement la valeur. Il serait donc insensé d'organiser le crédit avant d'avoir réglementé les âges. Il n'est pas de nation qui ne possède normalement un assez grand nombre d'adultes, pour en accomplir tout le travail : dès lors, si la femme, le vieillard ou l'enfant travaillent, l'adulte, l'outil parfait, se repose.

Le travail de l'enfance nuit à l'adulte; de même un mauvais classement de l'adulte et de l'homme parvenu à la virilité paralyse la valeur du vieillard, lorsqu'il empiète sur les attributions naturelles de ce dernier. Dans une semblable société, il y a, comme on voit, diminution d'aisance et de richesses pour la famille et l'État.

Notre système de classement s'appuie sur un autre ordre de considérations d'une égale importance, les mœurs sociales, comme complément de garantie du crédit.

La femme, lien moral, gardienne des bonnes mœurs, doit être toujours présente au foyer domestique, ce sanctuaire de la pureté de la famille. L'obliger à chercher au dehors des moyens d'existence, ce n'est pas seulement priver le travailleur des soins qui lui sont nécessaires, c'est compromettre gravement l'honneur de la maison, et, par suite, la paix et l'ordre public, si intimement liés au sort des individus.

D'ailleurs, si la femme travaille, elle restreint la valeur de l'action productive de l'homme, son soutien en ce monde. Elle l'abaisse parfois en stérilisant ses forces et son énergie.

L'enfance ne doit pas être assujettie prématurément à un

tique : l'intérêt du prêt, les loyers, les produits et la dette publique.

Le crédit régularisé, et par son intelligente distribution le travail assuré, nous certifions que les deux questions, résolues, ne conduiraient jamais à la négation de l'intérêt ni à celle des loyers, questions complexes de l'indifférence en fait d'appropriation. La pierre philosophale est encore à trouver pour transformer les métaux en or ; *à fortiori*, à l'égard du papier.

travail qui puisse faire obstacle au développement de l'esprit et du corps.

Les questions auxquelles se rattachent la répartition des travailleurs et le classement des âges et des sexes, semblent insolubles au premier aspect ; mais les difficultés s'affaiblissent et finissent par disparaître devant la méditation.

Assigner à chacun sa place et son emploi, vulgariser et répartir le crédit et les instruments de travail, élargir et universaliser la consommation, tel est le but que nous nous sommes proposé.

Si la constitution politique d'un pays s'attache plus spécialement à déterminer les droits de l'individu, considéré dans ses rapports avec l'État, la constitution sociale a pour mission d'assurer à chaque membre de la grande famille des moyens d'existence à toutes les époques et dans toutes les conditions de la vie.

Le citoyen Proudhon a pu dire avec rai-
« son : « Si le taux de l'intérêt était zéro, le
« taux de la rente serait aussi zéro. » De ce
problème ainsi posé on arrive à cette évidence
mathématique : « que le loyer des terres,
« des maisons, etc., serait zéro. »

Mais si l'intérêt n'est point zéro, l'économiste convient qu'il n'a rien trouvé, en
un mot, qu'il n'a point de système. Eh bien,
l'intérêt n'est point et ne peut jamais être
zéro.

Cette erreur ne transforme pas à nos yeux
le novateur en vampire de notre société ;
s'il eût été vraiment [tout ce que M. le
rapporteur en dit, eût-il osé changer une
discussion de chiffres en lâches calom-
nies ? Le public, celui qui cherche à s'instruire, souhaitait un plus digne adversaire
à la proposition de l'impôt d'un tiers sur le
revenu net.

Pour nous, nous nous inclinerons toujours devant de laborieuses recherches ; ces nobles travaux, nous le savons, conduisent à la misère et à la haine des *publicains;* mais aussi elles assurent l'amour du peuple, et c'est à cet amour que Dieu distingue l'homme vraiment religieux de l'homme vénal et hypocrite.

Le citoyen Proudhon veut arriver à la connaissance du vrai; aussi, n'est-ce pas sans l'espoir de le ramener à la lettre de notre constitution sociale de crédit, que nous allons chercher à lui prouver l'inexactitude des termes de son problème : non, l'intérêt ne peut-être zéro !

Comment concevoir, en effet, une concurrence telle entre les deux signes de l'échange, le papier de banque et la monnaie métallique, que le produit réel en soit réduit à zéro comme intérêt? Zéro *chose,* zéro négation d'une chose. Négation, qu'on l'observe bien, qui s'étendrait à toutes choses, comme nous allons le prouver. Ce combat à outrance entre les deux signes de l'échange nous rappelle une certaine race de chiens babyloniens, époque d'Alexandre. On sait que deux de ces quadrupèdes se dévorèrent avec tant de fureur, qu'il n'en resta que les deux queues sur le champ de bataille ; qui, sans doute, furent envoyées comme objet de curiosité à Aristote, obtenant ainsi une certaine valeur (1). Mais continuons.

Si l'intérêt est zéro, nul doute qu'on aura zéro pour toutes les propositions qui auront le payement ou l'achat pour base.

Avec une monnaie livrée, sans intérêt, par une société ou par l'État, peu importe,

_______

(1) Valeur d'apprêt ; valeur de transport ; valeur de curiosité ; peut-être d'utilité comme fourrures.

on payerait le loyer de sa maison, de sa ferme; et, ce qui n'a pas été dit, bien que la chose ne manquât pas d'importance, on arriverait à se procurer la jouissance gratis des produits de toutes espèces, voire même les instruments mécaniques et naturels. Ainsi, zéro intérêt, donne : zéro achat de produits, zéro loyers, zéro instruments, l'homme compris. Alors qui voudrait travailler? Empruntant sans intérêts, NULLE NÉCESSITÉ DE PRODUIRE POUR Y FAIRE FACE. Emprunter pour acheter, pour payer des loyers, serait toute la science économique de cette singulière société : « les jouissances de « l'homme seraient alors infinies. » Mais plus d'industrie, plus de culture, plus de constructions, et pour logement la voûte du ciel ou des cavernes. Est-ce l'étranger qui approvisionnera alors nos marchés? livrera-t-il ses produits en échange de notre monnaie zéro? car si cette monnaie représentait le sol, nous serions des ilotes que son knout réveillerait. Mais le prêt à intérêt zéro n'est que le rêve d'un cœur fraternel et d'une imagination ardente. L'or coûte des frais d'extraction, de mélange, etc., et celui qui le livre doit ajouter sa prime d'existence au chiffre réuni des dépenses que lui ont coûté la production et la façon de l'objet; le billet hypothécaire coûte au *garantisme* la consolidation toujours onéreuse de l'immeuble et ses frais d'expertise et de surveillance; la question du produit est encore plus grave. Le prêt, d'un autre côté, est inséparable de pertes et de frais d'établissement, charges et difficultés qui se compensent par un intérêt et une prime. L'intérêt ne fût-il que d'un pour cent, il en résulte une importance d'appropriation qui ruine, d'une manière absolue, l'école que nous combattons.

Le citoyen Proudhon, en quelques mots, a détruit lui-même la base de son système;

n'a-t-il pas dit : « Les frais d'administration
« et de bureau réservés. » Cette observa-
tion, toute logique, nous prouve que zéro
intérêt n'existe pas, même dans son esprit.
Il arrive ainsi, sans le savoir, sur le terrain
de notre constitution de crédit, constitution qui ne laisse aucune prise à la spécu-
lation du capital monnoyé ni à l'usure ; il
ne s'agit plus alors que de réglementer le
travail et l'intérêt du prêt dans les limites
du possible, et c'est ce que nous avons
trouvé il y a vingt ans.

Nous devons à l'absence de toute constitution de crédit les crises sociale et financière qui affligent aujourd'hui l'Europe ;
l'homme est cependant tout-puissant pour
arrêter le mal et inaugurer l'ère de réconci-
liation ; mais malheureusement le pouvoir
est encore tombé dans des mains débiles.

Avant de guérir, il faut sonder la profon-

deur de la plaie. Peuple, à toi d'en juger
sur le tableau que nous allons t'en tracer
ici ; tu aviseras ensuite.

# Charges générales. — 1848.

1° Dette inscrite 5 p. % (1847). 146,755,935 | 170,093,188 | CAPITAL.
1848. Emprunt.......... 13,150,500 |
Remboursement des bons du trésor et caisse d'épargne. 10,808,753 |

4 1/2 p. %...................... 1,026,600 | 312,264,270 fr. 6,230,874,491 fr. (1)
4 p. %...................... 26,507,375 |
5 p. %...................... 65,150,542 |
5 fr. d'amortissement............... 48,886,565 |

2° Emprunts spéciaux pour canaux et travaux divers..... 9,957,796
3° Intérêts des capitaux remboursables à divers titres.... 25,000 000
4° Dette viagère.............................. 55,890,003
5° Dotations.............................. 14,819,272
6° Service des ministres.................... 719,759,426
7° Frais de régie ........................ 151,665,380
8° Remboursement et restitutions, ou valeurs, primes et escomptes......................... 73,088,850
9° Travaux régis par la loi du 25 juin 1841............ 21,301,500
10° Travaux régis par la loi du 11 juin 1852............ 98,916,000
11° Diverses charges de situation................... 271,458,249 (2)

Total selon le rapport du ministre des finances, 22 juillet 1848................................ 1,754,120,756

12° Charges auxquelles il convient d'ajouter les centimes additionnels et celles de la commune............ 300,000,000
13° Inscriptions hypothécaires, 12,500,000,000, à 7 p. % l'an................................. 875,000,000

Charges pesant annuellement sur la généralité des produits................................. 2,929,120,756 { représentant 81 fr. 36 par tête.

### Et la production consiste :

1° En produits agricoles ............ 4,935,000,000 | de valeurs; valeurs qui se consomment en France, le chiffre de l'importation étant identique à celui de l'exportation.
2° En produits industriels.......... 1,680,000,000 |

(1) Dont 1,051,229,761 fr., vient d'être classé pour le remboursement des caisses d'épargne, les bons du trésor et l'emprunt.

(2) Depuis la République, les crédits généraux votés ou décrétés en dehors du budget ordinaire, exercice courant, s'élèvent à 595,260,000 fr., dont voici le détail :

Ministère de la guerre, 121,779.500 f.
Ateliers nationaux, 40,000,000
Impôt de 45 cent. sur les contributions directes et sur les créances hypothécaires, 236,260,000
Ministère des travaux publics : travaux, secours aux associations de travailleurs, 11,650,000
Secours divers, 9,343,900
Dépenses concernant l'assemblée nationale, le Luxembourg et le pouvoir exécutif, 5,528,000
Liquidation de l'ancienne liste civile et du domaine privé, 2,078,600
Fonds secrets, 650,000

Ne sont pas compris dans le chiffre total, 1° les 60 millions avancés aux comptoirs nationaux; 2° ni l'amortissement des rentes à créer pour le remboursement des bons du trésor et des livrets des caisses d'épargnes.

Ainsi, sur 6,6\.5,000,000 de valeurs annuelles en produits, il faut compter une surcharge de 2,929,120,756 fr., c'est-à-dire 45 pour cent; ou 81 fr. 56 cent. par tête, sur une part afférente de 185 fr. 75 cent. Depuis 1825, cette part s'est amoindrie de 86 fr. par tête.

Pour obtenir ce résultat, le gouvernement a disposé :

1° De 56,000,000 d'individus qui se divisent ainsi :

18,100,000 femmes, dont 8,600,000 au-dessous de 21 ans;

17,900,000 hommes, dont 8,452,000 au-dessous de 21 ans (1).

_______

(1) Les citoyens actifs en état de revendiquer leur droit social sont donc au nombre de 9,448,000, que l'on peut diviser en quatre classes : 1° Ouvriers et nécessiteux, 7,117,000; 2° 927,000 capitalistes, manufacturiers, commerçants et agriculteurs; 3° 425,000 professions libérales et rentiers; 4° 979,000 employés salariés, armée, marine, pensionnaires de l'État. (Hommes et femmes, 17,900,000 ouvriers et nécessiteux.)

2° De 52 millions d'hectares de terres arables, dont :

27 millions en céréales ,

25 millions en cultures diverses ;

Le loyer moyen de l'hectare est de 50 fr. (1);

5° La monnaie métallique peut s'évaluer à 2,500,000,000 de francs.

Moyens avec lesquels on aurait dû produire :

1° En valeur de produits agricoles, calculée sur la force de puissance de nos instruments.. . .  14,805,000,000

2° En valeurs de produits industriels. (*Idem*).  5,040,000,000

_______________________

Total des produits annuels.. . . . . . . . . . .  19,845,000,000 de valeurs, donnant 555 fr. 55 c. par tête,

(1) En Angleterre, les terres, bien que placées sous une latitude plus humide et plus froide, sont, terme moyen, louées cent francs.

ce qui réduirait la charge de trois milliards, qui pèse sur nos produits, et définitivement sur le travail de l'homme, à un peu moins du septième, chiffre normal.

Ainsi, les grands travaux d'utilité publique, votés depuis vingt ans, ont compromis notre position financière, et, cependant, ils auraient pu être entrepris sans danger en face d'une production de vingt milliards de valeurs en objets de consommation. On n'a pas su prendre cette position, qu'en est-il arrivé? Qu'on a créé sept milliards de valeurs réelles et treize milliards de titres sans valeurs correspondantes; treize milliards de titres qui ont servi de progression à notre impôt, et qui, dans notre économie nationale, sont destinés à faire face au développement de notre population; titres, population et impôts qui ne reposent absolument sur rien, assurément, à l'égard d'une proportion que nous estimons à 58 pour $^0/_0$

des cotes de bourse. Aussi, en présence d'aussi énormes fautes, nous fut-il facile d'annoncer, il y a deux ans (1), que la population épuisée protesterait, et qu'alors titres et impôts tomberaient de toute la différence que nous venons d'exprimer.

Peuple ! avec la constitution sociale de crédit que nous avons livrée à tes méditations, on obtiendra ce résultat et plus ; nous arriverons à la suppression de l'impôt. Mais il faut du temps pour organiser les banques et liquider la situation, et ce temps donnera lieu à diverses combinaisons financières, dont la première serait d'annuler les mesures ou lois qui, depuis février, ont augmenté la dette de l'État de plus d'un milliard, sans activer le crédit ni le travail.

Le cadre si étroit d'une brochure ne nous

(1) Voir notre ouvrage *Du peuple depuis Moïse jusqu'à Louis-Philippe.*

permet pas de développer ici notre système ; qu'il te suffise de savoir : que la France a des ressources d'une telle nature, qu'un économiste financier peut faire face à la généralité des engagements et des besoins de l'État avec l'impôt ordinaire, sans emprunter ni aliéner le domaine que tout gouvernement doit respecter, car sur lui reposent les intérêts généraux du pays, même la sécurité du droit individuel.

Entendons-nous, frères, et ne recommençons pas l'histoire de l'Égypte, de la Perse et de Rome. A Rome, le patricien, non content de ce qu'il possédait, s'empara un jour de l'*ager publicus*, et la bourgeoisie, plus tard, des biens du patricien. D'après ces exemples, pourquoi le peuple n'aurait-il pas eu son jour de convoitise et l'armée son moment d'indifférence? Tout cela eut lieu, et les barbares en profitèrent pour envahir l'empire. La France est arrivée à ce dernier épisode de la vie des peuples ; la république seule pouvait sauver la société en concédant aux travailleurs le droit au crédit, large compensation à l'appropriation de l'instrument et du capital ; mais, pour fonder une espérance, il s'agit de savoir si les cœurs ne sont point trop endurcis pour se détendre. Posons donc la main sur notre poitrine qui est celle de la France, et voyons si « son temps est accompli. » Les barbares, au printemps prochain, seront sur nos frontières pour entendre notre réponse.

Aug. BARBET.

47596CB00005B/1948

www.ingramcontent.com/pod-product-compliance
Lightning Source LLC
Chambersburg PA
CBHW051356060726

47596CB00005B/1948